DES PRINCIPES

DU GOUVERNEMENT

MONARCHIQUE;

PAR M. DE FONDEVILLE,

MEMBRE DU CONSEIL-GÉNÉRAL DU DÉPARTEMENT DES HAUTES-PYRÉNÉES.

Vitam impedere vero.

A PARIS,

CHEZ LATOUR, LIBRAIRE, PALAIS-ROYAL.

1815.

DES PRINCIPES

DU GOUVERNEMENT

MONARCHIQUE.

———

Mon but est, ici, en me resserrant dans un petit nombre de pages, de dissiper, autant qu'il me sera possible, quelques erreurs, quelques doutes qui me paraissent exister encore sur les principes du gouvernement monarchique; mon inviolable attachement à ces principes, ainsi qu'à la dynastie de nos rois, me donne quelque droit de les rappeler. (1)

« Les Etats, dans leurs divers changemens, » dit Machiavel (2), passent ordinairement du » bon ordre au désordre, parce que la stabilité » n'étant pas accordée aux choses humaines,

———

(1) Ils sont consignés dans les registres d'un notaire, sous la date du 19 mai 1789. Ce sont les mêmes que ceux de la Chartre.

(2) Histoire de Florence, liv. 5.

» quand elles arrivent à la perfection dont elles
» sont susceptibles, il faut qu'elles descendent,
» n'ayant plus à s'élever ; également, quand elles
» sont parvenues par les désordres au dernier
» degré d'abaissement, elles doivent s'élever de
» nouveau, ainsi elles vont toujours du bien
» au mal, et du mal au bien.

» Les esprits ne peuvent se corrompre par
» une oisiveté plus honnête que par celle des
» lettres ; elle ne peut entrer dans un état par
» une voie et avec une apparence plus trompeuse
» et en même temps plus dangereuse ; ce qui
» fut bien jugé par Caton, lorsque, voyant que
» la jeunesse romaine s'attachait avec ardeur
» aux leçons de deux philosophes venus d'Athè-
» nes, il fit décréter par le Sénat, qu'aucun phi-
» losophe ne serait reçu à Rome, jugeant qu'une
» oisiveté aussi honnête était fort dangereuse
» pour la patrie.

» C'est ainsi que les États se précipitent vers
» leur ruine ; ils ne reviennent au bon ordre
» que lorsque les malheurs ont rendu les hom-
» mes sages, à moins qu'une force extraordi-
» naire n'aie détruit, *suffocato*, le principe de
» vie dans le corps politique. »

Espérons que ce principe de vie n'est pas détruit chez nous ; mais il est évident qu'il n'y a

qu'un Roi légitime, bon et éclairé qui puisse le ranimer.

Je ne m'attacherai dans ce moment qu'à ce qui peut encore laisser quelque doute dans les esprits, après une si longue et si douloureuse épreuve, de tout ce que peut causer de maux une théorie qui méprise l'expérience des siècles et des peuples.

Le gouvernement monarchique est celui de la France depuis quinze siècles : nous avons parcouru vingt-cinq années de calamités, parce qu'au lieu de consolider ce gouvernement par les principes qui lui sont propres, et qui s'allient avec la liberté mieux que ceux de tout autre gouvernement ancien ou moderne; nous avons erré dans l'espace immense d'une imagination déréglée, dès-lors toutes les passions déchaînées n'ont plus permis de faire entendre la voix de la raison, de la justice et de l'humanité; nous avons *bâti Calcédoine, ayant Bisance devant les yeux.* (1)

____

(1) Montesquieu.

CHAPITRE PREMIER.

De la Monarchie héréditaire.

———

La première base du gouvernement monarchique est un contrat tacite entre le Souverain et la Nation, d'autant plus sacré, plus respectable, plus inviolable qu'il n'est pas écrit; duquel il résulte que, ni la Nation ni le Monarque n'ont le droit d'interrompre l'ordre établi de la succession : une longue suite de siècles, de repos, de bonheur et de gloire donne à ce contrat une sanction, j'oserais dire *sainte*, le ciel même semble être intervenu comme partie contractante par cette longue approbation : si, par le malheur d'une révolution, ce contrat se trouve rompu envers le Monarque, il ne saurait l'être envers son successeur, et ses successeurs à l'infini, c'est une substitution qui ne peut être anéantie; telle est la loi de souveraineté de toute l'Europe, et que toute l'Europe a droit et intérêt de maintenir : cette loi établit en principe que le *Roi ne meurt pas;* telles sont les clauses de ce contrat qui lie le Monarque à la Nation, et qui est la base du gouvernement monarchique. Louis XVIII a dû à la France, il a dû à l'Europe, à la conservation du principe le plus essentiel du gouvernement monarchique héréditaire, de dater son règne du jour de son accession légale au trône, conformément au contrat d'après lequel il se doit lui-même à la nation française.

Ce n'est pas pour les rois, ce n'est pas pour l'intérêt d'une famille que ce principe est établi et inviolable; il l'est pour l'intérêt des peuples, pour celui de leur repos. Il est facile d'apercevoir, pour ainsi dire d'un coup d'œil, sans entrer dans une plus longue discussion, quel serait le sort d'une grande nation qui croirait avoir le droit de transférer, à son gré, la puissance suprême. Notre expérience, après vingt-cinq ans de discordes civiles, de guerres interminables, de désordres de tous les genres, doit être pour les esprits sans prévention une grande et suffisante leçon. La révolution est un livre ouvert à tout le monde, où chacun peut lire la condamnation de toutes les erreurs politiques; les pages en sont teintes de sang et de larmes; mais bien instructives pour qui sait lire et réfléchir.

L'Angleterre a passé par une révolution moins longue, mais presqu'aussi malheureuse : elle a donné deux fois l'exemple du respect pour le principe qui conserve les nations, en rappelant Charles II et Anne, héritière de Jacques, à la succession qui leur était dévolue par le contrat primitif.

CHAPITRE II.

De la Prérogative royale.

On est d'accord après tant d'erreurs sur les principes suivans : Le Roi est le *représentant héréditaire de la Nation ; il la représente au-dehors et au-dedans. En ses mains est l'intégrité de la puissance exécutrice, de laquelle émanent, comme de leur réservoir (1), tous les pouvoirs militaire, administratif et judiciaire. Le Roi est le chef de l'Etat ; sa personne est sacrée et inviolable ; il doit être environné d'éclat, de respect et de confiance ; il ne veut et ne peut vouloir jamais que ce qui peut contribuer au bonheur de ses sujets, à*

______

(1) Expression de Blakstone.

la prospérité, à la gloire de la Nation ; il n'est responsable qu'à Dieu seul ; mais tous ses ordres doivent être contre-signés par des ministres responsables et justiciables de la Chambre des Pairs. La puissance législative est exercée par le Roi et les deux Chambres.

Tous les hommes éclairés, je dirais même tous les hommes raisonnables, ont adopté ces principes ; mais il existe encore quelques doutes relativement à l'exercice de la puissance législative du Roi dans toute son étendue.

Le Roi a le droit de proroger et de dissoudre la Chambre des Députés. L'effet de la dissolution est que les membres qui composaient la Chambre sont sans mandat, ils ne sont plus députés ; une nouvelle élection est nécessaire ; le Roi est obligé, par les lois fondamentales, de convoquer les électeurs dans un délai déterminé, ainsi que les nouveaux députés.

Cette prérogative est si essentielle au gouvernement monarchique avec un régime représentatif, que, sans elle, il ne pourrait y avoir un moment de repos ; l'Etat serait sans cesse en révolution, la monarchie ne pourrait exister avec le régime représentatif, elle serait détruite ou deviendrait absolue.

En effet, quel moyen aurait le Roi pour s'opposer aux factions, terminer des discussions interminables de leur nature, et capables de bouleverser l'Etat? Il n'est, dans de telles circonstances, aucun autre moyen de sauver la patrie : ce moyen est sans inconvénient, le Roi étant obligé de convoquer de nouveaux députés.

Cette dissolution est en quelque sorte un appel à la Nation, qui prononce en nommant d'autres députés, ou en choisissant les mêmes ; elle énonce son opinion par le fait de l'élection même.

Ce moyen est le seul qui puisse garantir à la Nation et au Souverain leur liberté et leur repos, le seul qui puisse être une barrière contre l'ambition de cette réunion de députés, et de chacun d'eux, contre ce délire de pouvoir, qui s'empare de tous les corps et de tous les individus aussi-tôt qu'on leur en confie une partie ; et remarquez que l'ambition du souverain est remplie ; à la plus haute dignité il joint toute la puissance de faire le bien ; les lois ne la restreignent qu'en ce qui pourrait être nuisible à la Nation et à lui-même ; son véritable intérêt est toujours l'intérêt public. L'ambition de la Chambre des députés, comme corps, et de chacun d'eux en particulier, est bien loin d'être remplie ; la soif du pouvoir est comme celle des hydropiques.

C'est toujours l'ambition des corps et des particuliers qui trouble les Etats ; ce n'est que dans le gouvernement monarchique, qu'on a trouvé cette heureuse combinaison, qui, en fondant la plus sage liberté, contient, dans de justes bornes, toutes les ambitions particulières, les empêche de tout ravager, et assure le repos des Nations ; les Romains n'eussent pas gémi pendant dix ans sous le joug de la plus affreuse servitude, s'ils eussent su se méfier de la puissance de dix hommes auxquels ils ne l'avaient confiée que pour une année, et qu'ils avaient bornée à la rédaction de quelques lois. Leur malheureuse expérience ne fut que de dix ans ; la nôtre est de vingt-cinq, et encore ne savons-nous pas en profiter. Le ciel nous envoie un Roi législateur : combien nous lui devons d'actions de grâces ! mais, hélas ! l'histoire nous apprend qu'il faut presque faire violence aux hommes pour leur propre bonheur. C'est au milieu des foudres et des éclairs que Moïse donne aux Juifs les lois du Tout-Puissant. Licurgue use de violence pour faire le bonheur de sa patrie, et il a recours à l'oracle de Delphes pour consolider ses lois.

CHAPITRE III.

De la convocation des Asssemblées législatives.

Au Roi seul appartient le droit de convoquer les Assemblées électorales et législatives.

Pour peu qu'on y porte de réflexion, on verra que ce principe est aussi essentiel au gouvernement monarchique que tous les autres.

Sans ce principe, le régime représentatif serait incompatible avec le gouvernement monarchique.

Dans toute forme quelconque de gouvernement, le droit de convocation doit résider quelque part pour qu'elle soit considérée comme légale ; les Romains étaient si scrupuleux observateurs des règles sur cet article, qu'ils faisaient, en quelque sorte, intervenir leurs Dieux en consultant les augures ; le droit de convocation résidait dans les consuls et les tribuns ; il réside dans la personne du Roi, dans le gouvernement monarchique.

Si les députés pouvaient se réunir sans convocation, ce serait, comme pendant vingt-cinq ans, une révolution continuelle; la prérogative de dissoudre la Chambre serait sans effet, les factions continueraient de désoler l'Etat, la minorité audacieuse ferait toujours la loi et au chef de l'Etat et à la majorité toujours faible, parce qu'elle se compose d'hommes que l'audace intimide et qui attendent de passer au parti vainqueur : tels sont les hommes en masse; ils ne sont, comme dit Machiavel, ni tout-à-fait bons ni tout-à-fait mauvais ; mais dans les assemblées, la majorité se porte toujours vers le parti qui lui paraît devoir triompher, c'est celui de l'audace ; aussi Montesquieu, dit-il quelque part, qu'il faudrait, s'il était possible, y recueillir les voix à la minorité; nous en avons encore l'expérience, c'est toujours une majorité factieuse qui a imposé la loi dans nos assemblées.

On entend dire : *Mais si le Roi voulait régner sans les Chambres ?* Je réponds « Il lui » serait difficile de percevoir les impôts; la » Chambre des pairs bien composée, l'opinion » publique, l'intérêt même du Roi, celui de » sa puissance qui tire sa plus grande force » d'une législation sage; la responsabilité des » Ministres, la liberté de la presse. » Voilà beaucoup de garanties ; mais dans tous les cas, entre cette brèche à la constitution qui ne pourrait être durable et le désordre de factions continuelles, le choix n'est pas difficile. Si les Chambres pouvaient s'assembler sans convocation du chef de l'Etat, tous les principes seraient détruits ; je ne dirai pas seulement tous ceux du gouvernement monarchique, mais tous ceux de l'ordre social ; ce serait l'anarchie même ; on ne saurait si une assemblée serait légale ou si elle ne serait qu'une réunion de factieux ; on ne saurait plus où réside la puissance législative.

Nous venons de faire la malheureuse expérience qui prouve combien est nécessaire ce principe, que *nulle assemblée d'électeurs ou de députés n'est légitime qu'autant qu'elle est convoquée par la puissance à laquelle les lois fondamentales en donnent le droit.*

Bonaparte, chef d'armée, avait d'abord usurpé la puissance en introduisant dans une assemblée, des soldats armés, qui en avaient dispersé les membres en les forçant de sortir par les portes et par les fenêtres ; il avait abdiqué ce pouvoir usurpé par un traité solennel avec toute l'Europe ; il avait reçu le prix de cette abdication : imagine-t-on quel droit pou-

vait invoquer un tel homme pour convoquer
en France des assemblées électorales et législatives, surtout lorsque la France et l'Europe
avaient reconnu les droits antiques et sacrés de
Louis XVIII? Il n'en faut pas davantage pour
démontrer la nullité de ces assemblées; mais
telle est l'effet de la haute importance des principes, que s'ils eussent été bien connus, personne ne se serait rendu à ses assemblées; ou,
abandonnées à un petit nombre de factieux,
l'entreprise de l'étranger eût eu, dès son com-
mencement, le caractère bien manifesté de la
plus audacieuse sédition. Je dirais même qu'elle
n'eût pu avoir lieu.

CHAPITRE IV.

De la Noblesse et de la Chambre des Pairs.

Un corps de noblesse héréditaire est l'appui
du gouvernement monarchique; et ce corps
c'est la Chambre des pairs; il est la seule barrière entre la puissance royale et la partie dé-
mocratique de ce gouvernement. L'hérédité est
le seul moyen de rendre cette institution utile;
elle est l'appui du trône et le rempart de la li-

berte publique; l'hérédité constitue sa force et son indépendance. Des sénateurs sans hérédité ne seraient jamais que le bas valet du Monarque, sollicitant les faveurs et vendant la liberté publique; la pairie héréditaire a ses racines dans les premiers temps de la monarchie, c'est toujours en remontant aux anciennes institutions que l'on consolide l'ordre social; elles ont l'expérience et le respect des siècles; elles les communiquent aux institutions nouvelles. Je ne m'étendrai pas sur ce sujet, parce que cette hérédité a été jugée nécessaire par tous les bons esprits et même par cette assemblée *nulle*, qui, après avoir juré l'observation d'une constitution, s'est tant occupée d'en faire une autre, et qui, toujours en contradiction avec elle-même, voulait détruire la noblesse, en conservant un corps de noblesse héréditaire.

Ceci m'engage à parler des nobles et à attaquer encore des erreurs dont la révolution est une source inépuisable.

Jamais il n'a existé une aussi grande démarcation de classes entre les citoyens, que dans cette Rome république, dont le gouvernement a été si admiré par la vertu publique qui animait tous les citoyens, et par la longue prospérité dont cette vertu était la seule cause.

Ces fiers Romains, les maîtres du monde, ne se trouvaient pas humiliés d'avoir au-dessus d'eux, des sénateurs héréditaires, des familles patriciennes et des chevaliers dans leur gouvernement républicain.

« Ce n'est pas cette cire inanimée, image de
» leurs ancêtres, dit Saluste, qui allumait dans
» leurs descendans cette flamme divine de l'a-
» mour de la patrie; mais le souvenir de leurs
» actions les engageait à les égaler ou à les sur-
» passer. Les nouveaux nobles les imitaient et
» marchaient à la gloire par le chemin de la
» vertu.

» La noblesse est dans les actions; la nais-
» sance donne de l'illustration (1). »

Mais cette illustration est bien légitime; elle donne de bien justes droits à la considération des hommes. Toutes les lois du monde pourraient-elles abolir le souvenir de nobles actions qui ont illustré des familles, lorsque celui des hommes illustres de l'antiquité brave l'écoulement des siècles? L'histoire consacrera toujours le souvenir des grands hommes; ils donnent à leur pays autant de lustre qu'ils en peu-

____

(1) Plutarque.

vent recevoir. Que chacun en s'étudiant à les imiter, atteigne, s'il se peut, à la même illustration ; voilà la seule émulation utile, louable et digne d'un bon citoyen ; n'est-ce pas une absurde vanité, une jalousie insensée, celle qui ne pouvant s'élever jusques aux actions grandes et nobles, ne fait des vœux que pour les rabaisser ? Eh ! qui servira la patrie ? qui se sacrifiera pour elle lorsqu'on aura détruit tous les motifs généreux d'activité ? La seule égalité raisonnable, c'est une égalité de droits qui fait qu'aucun citoyen n'est ni oppresseur ni opprimé. Une égalité de zèle pour servir le souverain et la patrie, c'est-là une noble rivalité. Telle est l'égalité que la masse du peuple désire ; celle dont les factieux parlent tant, n'est qu'une basse et vile jalousie du mérite, un échelon pour tromper le peuple, et se dispenser d'être dignes des places et du rang qu'ils veulent usurper.

Le premier qui demanda de l'assemblée constituante l'abolition de la noblesse, ignorait l'acceptation de ce mot ; car on ne commande pas à l'opinion qui attache la noblesse aux actions : il demanda encore une chose absurde, en demandant l'abolition des titres et des décorations

qui ne sont qu'une récompense des actions nobles et utiles à l'Etat ; dès-lors il n'y eut plus
que le vif motif des richesses ; le gouvernement
n'eut plus d'autre ressort que la plus vile cupidité. L'on ne dut plus s'attacher qu'à s'enrichir
des dépouilles des citoyens ; la plus affreuse
corruption dut remplacer toute noblesse
d'action , c'est-à-dire , toute vertu, et le gouvernement même fut aux enchères.

Le plus grand de tous les maux pour une nation est, dans cette corruption profonde, résul-
tat d'une ambition et d'une cupidité sans bornes ; les sources de la prospérité publique dé-
daignées , ne paraissent plus devoir être que
l'appanage de ceux qui ne peuvent aspirer à se
partager le trésor public, les dépouilles des
nations et celles des citoyens ; s'il reste encore
dans quelques mains une masse de biens, la
cupidité les regarde avec des yeux avides , et
l'on s'enrôlerait sous les drapeaux du premier venu qui offrirait l'espérance de nouvelles
expoliations ; voilà la lèpre qui couvre la
France, l'ulcère qui la dévore ; ce n'est pas en
temporisant qu'on peut le guérir, une main
ferme doit y porter le fer en réduisant les
places, les emplois, les émolumens , en rappelant tous les principes du respect des proprié-

tés, en rappelant les hommes à la morale et à la justice. *Ce monde est fait pour César, mais il est fait aussi pour Titus* (1).

L'Empire romain, dans sa plus grande décadence, et lorsqu'il embrassait le monde connu, n'avait pas un aussi grand nombre d'hommes payés par le trésor public, que ceux que le trésor public ou plutôt la misère publique alimente en France; ils dévorent le corps politique comme les vers dévorent un cadavre, *en quo discordia cives perduxit miseros en queis consevimus agros*. Voilà pour qui, depuis vingt-cinq ans, nous semons nos champs, nous, à qui il ne reste que le titre onéreux d'une propriété qui n'est pour nous qu'une source de misère et de persécution, d'autres en ont le fruit. Nous ne sommes plus qu'un peuple d'intrigans accoutumés à briguer des places et des emplois *per fas et nefas*, toujours prêts à bouleverser l'Etat pour nous supplanter les uns les autres.

Rome, livrée aux Gaulois, n'avait plus d'armées qui défendissent le Capitole; mais il lui restait sa vertu; les plus nombreuses armées sous les empereurs ne furent plus que la cause de sa ruine; ce peuple, avili, regreta Tibère, Néron, Caligulla et tous ces monstres sangui-

______

(1) Pope.

naires, dont les noms sont encore l'opprobre
de l'espèce humaine.

<hr>

CHAPITRE V.

D'une institution qui manque à la Charte.

Il n'existe aucun gouvernement qui n'aie
besoin, dans des circonstances extraordinaires,
de s'écarter de la marche ordinaire tracée par
les lois , et d'agir avec une plus grande force ;
il est heureux qu'alors même son action trouve
cette force dans les institutions, et émane encore des lois ; je veux parler de la dictature
momentanée. ‾

Ce n'est pas d'un pouvoir sans bornes que
je veux parler , mais d'un accroissement de
la puissance exécutrice que les deux Chambres
défèrent limité et pour le temps et dans son
objet.

Sans cette institution , Rome eût péri dès
les premiers jours de la république. On y dé-
férait un accroissement de la puissance exécutrice , suivant la gravité des circonstances ,
soit en la laissant entre les mains des consuls ,
par cette formule *que les consuls veillent au*

2 *

salut de la république, ou par la nomination d'un dictateur pour un temps limité.

Le parlement anglais défère cette puissance au Roi, par la suspension de la loi *habeas corpus*.

La nécessité d'une semblable institution est démontrée par l'expérience de tous les siècles. Les événemens qui viennent de mettre la France aux bords du gouffre où elle paraissait devoir s'engloutir, en sont pour nous, et par notre propre expérience, une démonstration complète.

Le Roi a été obligé d'exercer cette puissance extraordinaire ; sa bonté l'a confiée aux conseils généraux des départemens, c'est-à-dire, aux citoyens eux-mêmes, mais trop tard, et les assemblées délibérantes n'ont pas assez d'unité, d'ensemble et d'activité pour l'exercice d'un tel pouvoir.

On a imaginé dans l'immensité de nos précédentes institutions, *la mise en état de siége*, *ou hors de la constitution à la discrétion du Souverain.* Ces formules vagues établissent le plus tyrannique de tous les gouvernemens, le gouvernement militaire ; c'est le Souverain qui décidait de la nécessité de l'établir, sans qu'il eût besoin de recevoir d'une loi cette puissance extraordinaire ; et sans limitation de temps , on a prouvé seulement qu'on ne savait cons- tituer que la tyrannie.

CHAPITRE VI.

Des Principes qui régissent le Militaire dans un Gouvernement libre.

Ce sont ici les principes les plus oubliés ; nous n'avons eu qu'un gouvernement militaire depuis la première usurpation de Bonaparte ; le sabre faisait les lois et les faisait exécuter.

« Le pouvoir civil et le pouvoir militaire » doivent être scrupuleusement distincts et » séparés ; leur union est une épouvantable » monstruosité.

» Le pouvoir militaire , ainsi que les pou- » voirs civils , sont dans les mains du Roi ; » mais il les sépare en ne les confiant jamais » réunis à la même personne ; ils sont tous » une émanation de la puissance exécutrice ; » l'armée est essentiellement obéissante au Roi » dans un état monarchique , et toujours à la » puissance suprême dans les autres gouver- » nemens, jamais elle n'est délibérante.

» Dans l'intérieur, jamais le militaire ne
» doit agir qu'à la réquisition de magistrats
» responsables.

» Les chefs militaires sont eux-mêmes res-
» ponsables de toute action de la force publi-
» que dans l'intérieur, et ne peuvent être
» justifiés que par une réquisition de magistrats
» responsables, ou par un ordre du Roi,
» signé par un ministre responsable lui-même.

» Le militaire, comme tel, ne peut être
» appelé à aucune délibération; il ne perd pas
» ses droits comme citoyen, lorsque, dans
» son domicile, il n'est plus considéré dans
» sa capacité militaire, mais seulement dans
» celle de citoyen. »

Ces principes sont de la plus grande importance; tout peuple qui ne les consacrera pas,
deviendra la victime de ses propres soldats.

Un colonel anglais, dont le nom est *Barré*,
se trouvait membre du parlement, lorsque les
ministres y proposèrent d'établir le gouvernement militaire dans l'Amérique révoltée.

Il s'éleva avec force contre cette mesure :
« Je suis né soldat dit-il, je le suis encore;
» j'ai servi long-temps; je respecte ma pro-
» fession; mais il n'y a pas de citoyen, point
» de cultivateur, qui porte sur l'armée un coup

» d'œil plus jaloux , qui soit prêt à s'opposer
» plus que moi , à ce qu'on la rende indépen-
» dante du pouvoir civil ; il ne faut se fier à
» aucun homme qui a les armes à la main ;
» ce n'est pas la faute du soldat , mais le vice
» de la nature humaine , qui , dès qu'elle n'est
» pas contenue par la loi , devient vicieuse et
» injuste. Vous allez vous rendre les oppres-
» seurs de vos frères , et leur faire les derniers
» outrages que l'humanité puisse souffrir , en
» les soumettant à la force militaire. » Puissent
tous les militaires français se pénétrer de
semblables principes !

Tous ceux que je viens de développer sont
consacrés par la Charte, monument de lumières,
de sagesse et de bonté. Comment pourrait-elle
ne pas rallier tous les Français autour du Roi
législateur ? Il nous a tiré de ce dédale de constitution qui , depuis vingt-cinq ans , nous
divisent , nous tourmentent , désolent le monde
et font couler tant de sang et de larmes. Le
régime représentatif s'établit dans toute l'Europe , les lois de Louis XVIII vont régir le
monde ; il sera le désiré pour le monde entier ;
un congrès permanent des puissances , digne
du plus haut degré de civilisation , sera la

garantie d'une paix perpétuelle, le vœu des bons citoyens de tous les pays.

> . . . . *Redeunt Saturnia regna.*
> *Antiqua progenies cœlo demittitur alto ,*
> *Pacatumque reget patriis victutibus orbem.*

L'espoir des plus beaux temps de la France luit à nos yeux. Le ciel nous rend l'antique et auguste race de nos Rois ; elle régnera sur nous par ses vertus héréditaires ; elle rend la paix au monde.

CHAPITRE VII.

Que l'ordre public doit être fondé sur la propriété.

Tout le système de notre gouvernement monarchique, tel qu'il est établi par la Charte, repose sur le balancement des trois parties qui composent la puissance législative, le Roi , la Chambre des Pairs et celle des Députés ; elles doivent se servir de contre-poids et de barrière à l'ambition de l'une de l'autre.

Un tel gouvernement a été long-temps inconnu ; il serait au rang des théories , s'il n'eût été mis en pratique par les Anglais ; et si la Charte ne l'eût mis aussi en pratique, on pourrait encore le rejeter au rang des théories pour nous ; mais puisque la Charte l'a établi , chacun de nous doit le soutenir par les principes qui le constituent ; c'est là le devoir de tout Français fidèle au Roi et à son pays.

L'ambition , l'amour du pouvoir sont, dans le cœur de tous les hommes , des passions fortes toujours prêtes à troubler l'ordre et à rompre les chaînes qu'on cherche à leur imposer.

La Chambre des Députés a un avantage immense sur les deux autres branches de la législature ; elle seule vote l'impôt , ce qui met presque toute la puissance dans ses mains , elle est par conséquent la partie vraiment active ; les deux autres branches n'ont , pour ainsi dire , qu'une part négative ; ce qui lui donne encore un poids immense , c'est que , dans des circonstances difficiles , elle peut se dire représenter essentiellement la masse du peuple.

Cependant cette Chambre aura , comme corps, un intérêt d'ambition et de pouvoir bien séparé et bien différent du véritable intérêt de la nation , et bien opposé à l'intérêt public. Quel obstacle opposer à cet intérêt particulier de corps , qui peut tout bouleverser et recommencer sans cesse les révolutions ? Les autres deux branches n'ont pas une force suffisante pour empêcher les empiétemens de celle-là , d'autant qu'elle peut les obtenir peu-à-peu , et pour ainsi dire , insensiblement en refusant ou retardant les contributions.

On chercherait en vain tout autre moyen de contenir cette partie de la législature dans les limites qui lui conviennent, que celui de mettre en opposition à l'intérêt du corps , celui des individus qui le composent , c'es-à-dire , d'avoir pour garant cet intérêt particulier que doit avoir chaque individu de ne pas troubler l'Etat , contre l'intérêt d'ambition et d'augmentation de pouvoir qui est naturel au corps dont il fait partie. Or il n'y a que la propriété qui puisse donner cette garantie , et ce n'est pas une petite propriété qui peut la donner.

Exiger cette garantie dans un député , est l'objet d'une loi , absolument inséparable de la nature du gouvernement , et sans laquelle il ne pourrait se maintenir.

L'expérience de la révolution vient encore ici à l'appui de ces principes. On a cherché en vain à balancer les trois parties législatives ; cela a toujours été sans succès ; Bonaparte n'a trouvé qu'un moyen , c'est celui de rendre cette Chambre muette , de la priver de toute proposition de loi , de tout amendement , et de la

contraindre à voter sur l'ensemble de la loi ,
par des boules noires ou blanches ; il est évident qu'il n'y avait plus un gouvernement monarchique , mais la plus insultante tyrannie.

En dernier lieu , la Chambre des Députés
avait absorbé toute la puissance législative ;
c'est elle qui faisait la constitution nouvelle ;
elle envoyait vers les armées , elle faisait affi-
cher sa déclaration des droits , sans la commu-
niquer aux autres parties législatives. Il était
clair qu'elle s'était emparée de tous les pouvoirs,
comme en quatre-vingt-treize , si Bonaparte
eût été vainqueur , il eût été le seul maître.

Quand on veut atteindre le but , c'est-à-dire,
la véritable liberté assurée par un gouvernement monarchique , il faut en vouloir les
moyens , et qu'on ne craigne pas qu'il manque
des lumières , des talens et surtout des senti-
mens nobles et généreux dans la Chambre des
Députés , parce qu'on exigera une garantie
nécessaire pour en être membre. Si tel individu,
avec toutes ces qualités , ne peut pas y aspirer,
ce n'est pas un très-grand malheur. Il y a dans
un vaste Etat plus d'un chemin par lequel les
connaissances et les talens peuvent parvenir à
la fortune et servir la patrie ; mais ce serait un
très-grand malheur pour l'Etat, que la Chambre

des députés n'offrît pas cette garantie de l'ordre public, qui consiste dans la propriété : il est plus que temps que nous trouvions quelque repos. Tous nos députés, depuis vingt-cinq ans, en vantant les lumières, nous ont plongés dans les ténèbres ; ils ont conduit le vaisseau de l'Etat sur les bords de l'abîme où il est bien difficile de le retenir ; il faut des mains bien habiles pour le ramener au port.

Si quelqu'un désire de plus grands éclaircissemens sur ce sujet, il peut lire le 5.e essai de Hume, tom. 1.er ; mais je crois en avoir assez dit, pour prouver à tout homme qui n'a ni prévention, ni préjugé, ni erreur révolutionnaire, qui désire sincèrement le bien de son pays, que la loi qui exige la garantie de la propriété, est indispensable, essentiellement liée au gouvernement monarchique, au régime représentatif, à la sagesse des lois, et à tout ce qui peut conserver l'ordre public.

Cette garantie est absolument nécessaire pour la Chambre des députés, sous peine du danger continuel des révolutions ; mais elle est nécessaire aussi, jusqu'à un certain point, pour toutes les fonctions publiques, et pour l'exercice du droit de cité.

Dans la moindre compagnie de commerce,

on exige un certain nombre d'actions pour être admis à délibérer. Eh , ce ne serait que dans l'association la plus importante qu'on négligerait toute précaution raisonnable !

CHAPITRE VIII.

De la Puissance du Corps-Législatif, ou du Parlement.

Le Corps-Législatif, ou le Parlement, se compose de trois parties : le Roi , la Chambre des Pairs et la Chambre des Députés.

Je ne vois pas pourquoi nous ne l'appelerions pas Parlement, puisque c'est de nous que cette dénomination a été empruntée. Tout ce qui nous rappelle nos anciennes institutions, devrait nous être précieux; ce ne sont pas les cours de judicature que cette dénomination nous rappelerait, mais nos États-Généraux.

La puissance de ce corps ne peut être restreinte dans aucune borne, dit Blakstone, *si antiquitatem spectes, est vetustissima , si dignitatem honoratissima ; si jurisdictionem , est capacissima.*

La toute-puissance, pour ainsi dire, est dans ce corps. Il n'y a nul danger à l'accorder à l'ensemble de ces trois parties qui le composent; mais si l'une des trois manquait, ce ne serait plus ce corps, et les deux autres n'auraient aucune puissance, aucune existence législative.

Ce corps peut, à chaque instant, améliorer le gouvernement, perfectionner toutes les lois. On n'a pas besoin d'attendre cette amélioration et ce perfectionnement, et de renvoyer à des époques déterminées, comme l'avait imaginé l'assemblée qui s'est appelée constituante, c'est tous les jours que cette amélioration peut s'effectuer; il ne faut que la volonté des trois parties, dont se compose la puissance législative; ainsi, une bonne constitution telle que la Charte, pouvant se conformer toujours au temps et aux lumières, comme aux divers changemens que les circonstances peuvent rendre nécessaires, allie les siècles passés au temps présent, et les unit à l'avenir.

Tout gouvernement est mauvais qui n'a pas la faculté de se corriger lui-même; mais au contraire, tout gouvernement qui a en soi cette faculté, est un bon gouvernement.

« Un gouvernement libre, dit Montesquieu,

» ne saurait se maintenir s'il n'est capable de
» se corriger par ses propres lois»

Je ne parlerai pas des lois propres à établir
et conserver la liberté des sujets, quand on a
le bonheur d'avoir une puissance législative
bien organisée : cette liberté est bien assurée ;
elle consiste *dans la sûreté des personnes et
des propriétés.*

On n'a pas à craindre qu'une puissance législative bien organisée se trompe sur les moyens
d'assurer cette liberté, et que ce soit au nom
des lois mêmes qu'on établisse la tyrannie,
comme nous l'avons si long-temps éprouvé et
souffert : « Il n'y a pas de plus cruelle tyrannie,
» dit Montesquieu, que celle qui s'exerce au
» nom même des lois, lorsqu'on va noyer le
» malheureux sur la planche même sur laquelle
» il s'était réfugié. »

Encore, en dernier lieu, on nous disait dans
cet acte additionnel à toutes les constitutions,
et qui, par conséquent, les laissant toutes subsis-
ter, nous jetait dans un vague infini, labyrinthe
sans issue ; on nous disait, *nul ne peut être
emprisonné, exilé, etc., qu'en vertu de la loi,*
terme vague qui ne signifie que la tyrannie,
lorsque la puissance législative elle-même ne

mérite aucune confiance ; ce n'est pas ainsi que les Anglais, au douzième siècle, stipulaient pour leur liberté ; *nul*, est-il réglé pour leur Charte, *ne peut être emprisonné, arrêté, exilé que par un jugement légal de ses pairs.*

Pressé par les circonstances, je n'ai fait que parcourir rapidement des sujets qui demandent la plus profonde méditation, qui vont occuper les deux Chambres en présence de tous les Souverains de l'Europe ; sans doute les représentans de la France vont se montrer dignes de la régénérer dans la religion, les mœurs et la justice, d'établir solidement le règne des lois, de seconder les intentions, les lumières et la sagesse du meilleur des Rois, d'affermir son gouvernement, de détruire à jamais, par l'inévitable châtiment du crime, l'espérance des méchans, et d'assurer le repos des bons. « La pitié envers les méchans, dit Rousseau, » est la plus grande cruauté qu'on puisse » exercer envers les hommes.

» Ceux qui emploient leur plume, dit Hume » dans son essai 11e à des sujets politiques, » libres de la rage et des préventions de parti, » cultivent une science qui, plus que toutes » les autres, contribue à l'utilité publique ; »

je serais assuré du succès s'il ne fallait pour écrire utilement, que cette parfaite indépendance d'esprit de parti, un attachement sincère au Roi, à la Patrie, à mes Concitoyens, un désir ardent du bonheur public.

FONTEVILLE.

De l'Imp. de CHARLES, rue Dauphine, n° 36.

www.ingramcontent.com/pod-product-compliance
Lightning Source LLC
Chambersburg PA
CBHW061644050726

47598CB00004B/1443